AF338490

LA
VIE D'HENRI V

(COMTE DE CHAMBORD)

RACONTÉE

AUX OUVRIERS ET AUX PAYSANS

PAR UN ENFANT DU PEUPLE

ONZIÈME ÉDITION, REVUE, AUGMENTÉE

Et ornée d'une belle Photographie

PRIX :

10

centimes.

PRIX :

10

centimes.

CHEZ TOUS LES LIBRAIRES

ET CHEZ L'ÉDITEUR, RUE CASSETTE, 33, PARIS

—

Tous droits réservés.

Cette pho tographie, qui ne se vend pas séparément est la reproduction du magnifique portrait dessiné d'après nature à Lucerne en 1871, et gravé au burin par M. F. GAILLARD, grand prix de Rome. (*Voir à la couverture.*)

LA
VIE D'HENRI V

RACONTÉE

AUX OUVRIERS ET AUX PAYSANS

Braves ouvriers des villes et des campagnes, qui, comme moi, vous nourrissez du fruit de votre travail, c'est à vous que j'adresse ces quelques lignes. Quel est celui de vous qui ne s'en rapporte à ceux qui se disent nos plus grands amis, messieurs les démocrates? « Si vous votez pour un tel, nous disent-ils, vous votez pour Henri V, pour la dîme, les droits féodaux, le rétablissement des biens nationaux et des billets de confession, le règne des nobles et des curés. » Simple que l'on est, on les écoute comme des oracles, et, par-derrière vous, ils se frottent les mains de faire tant de dupes et se reposent de leur grand amour pour nous en touchant de gras honoraires de députés.

Dernièrement, je pensais que nos pères avaient autant d'esprit que nous et ces messieurs. Je ne sache même pas qu'ils soient tous morts de faim au fond des oubliettes ou qu'ils aient péri dans des supplices, qui n'ont existé, pour la plupart, que dans l'imagination féconde de nos romanciers. Ils gagnaient moins que nous, mais tout était meilleur marché : il n'y avait pas de révolution, par contre moins de ruines et toujours du travail.

J'en parlais à plusieurs chauds amis du peuple ;

« Est-il vrai, ajoutai-je, que, quand le premier
aïeul d'Henri V est monté sur le trône, le domaine
royal ne se composait presque que de la seule ville
de Laon, dans le département de l'Aisne ? Est-il
vrai que ce sont les rois qui nous ont faits Français,
nous autres Parisiens, Picards, Poitevins, Bretons,
Gascons, Lorrains, Alsaciens, Francs-Comtois, etc.,
etc. ? » Ils restèrent muets de colère et me traitèrent
de fou et d'imbécile, etc., etc. Cet accueil me for-
tifia dans mes idées. Pourquoi, me disais-je, ne re-
viendrions-nous pas au gouvernement de nos pères?
pourquoi? puisque l'expérience leur a donné am-
plement raison. Et je me mis à rechercher le passé
de celui qu'on se plaît tant à noircir auprès de
nous.

Le père du comte de Chambord, le duc de Berry,
aimait beaucoup le peuple et en était beaucoup
aimé. Lors de son mariage, les Chambres ajou-
tèrent à son revenu une somme annuelle de cinq
cent mille francs. Il l'abandonna tout entière aux
provinces qui avaient le plus souffert des invasions
de 1814 et 1815.

Ce prince fut assassiné le 13 février 1820 par un
garçon sellier du nom de Louvel. Les amis de la
révolution le haïssaient à cause de sa popularité et
craignaient de le voir perpétuer sa race, ils furent
les auteurs de sa mort. Malheureusement pour eux,
en mourant, il laissa sa femme enceinte. Le 29 septembre, elle accoucha d'un fils : Henri-Charles-Ma-
rie-Ferdinand-Dieudonné, qui porta le titre de duc
de Bordeaux. Jamais naissance ne fut plus accla-
mée. Durant tout le jour, une foule immense sta-
tionna devant les Tuileries. Louis XVIII, qui régnait
alors, montra son petit-neveu au peuple. « Mes
amis, dit-il, votre joie centuple la mienne. Cet en-

fant sera un jour votre père, il vous aimera comme je vous aime, comme les miens vous ont toujours aimés. »

Il y eut des fêtes, des réjouissances ; ce qui les rendit plus belles et plus populaires, c'est que les pauvres en eurent la meilleure part. 100,000 francs leur furent distribués au nom de la famille royale. Le roi prit à sa charge les mois de nourrice de tous les enfants mâles nés le 29 septembre à Paris de parents indigents, et donna à chacun 200 francs ; il délivra en même temps vingt détenus pour dettes. Tant les Bourbons avaient à cœur de faire des heureux !

Un artisan du faubourg Saint-Marceau ayant adressé au comte d'Artois, grand-père du prince, le placet suivant : « Monseigneur, ma femme est accouchée cette nuit, à la même heure que S. A. R. madame la duchesse de Berry ; nous sommes bien pauvres, » en reçut aussitôt 1,000 francs. Enfin la duchesse obtint du roi la grâce de deux misérables, condamnés à mort pour avoir attenté à sa vie et à celle de l'enfant qu'elle portait alors dans son sein.

La France rendit à ses rois amour pour amour. Par une souscription spontanée, à laquelle voulurent concourir le paysan et l'ouvrier, le noble et le bourgeois, elle offrit au nouveau-né le magnifique château de Chambord, que voulait détruire une bande de démolisseurs bien connue sous le nom de *bande noire*. C'est en souvenir de cet hommage de ses compatriotes que le duc de Bordeaux a pris, depuis 1830, le titre de comte de Chambord qu'il continue de porter.

L'éducation du jeune prince fut, dès le berceau, confiée à des personnages honorables et éminents. On nous répète : Henri V a été élevé dans les idées de l'ancien régime ; c'est une insigne calomnie

Jamais éducation ne fut plus sévère. On ne lui disait point : Tout ce peuple est à vous ; son or, son sang vous appartiennent; non : on ne cessait de lui dire qu'un prince doit s'appliquer à se montrer vertueux pour le bonheur de ses sujets, qu'il est fait pour eux et non eux pour lui. Il profitait à merveille des leçons de ses maîtres. Un jour, comme on lui demandait auquel de ses ancêtres il voulait ressembler : « Je veux être, s'écriait-il, Henri IV second.»

Ma foi, à vous le dire franchement, je crois qu'Henri IV n'eût point renié son petit-fils, il en eût été jaloux. Henri, en effet, faisait augurer les plus belles qualités. Il aimait à entrer seul à l'improviste dans les chaumières des pauvres et à vider sa petite hourse dans leurs mains. Il montrait aussi un goût décidé pour les exercices militaires, et, quand il voyait un vieux soldat couvert de chevrons, il se plaisait à entendre de sa bouche raconter le récit de ses batailles.

Toutes les fois qu'il lui arrivait de satisfaire ses maîtres, on lui délivrait un bon. A la fin du mois, on en comptait le nombre et le roi les payait d'après un tarif réglé. Cet argent était uniquemen consacré à ses aumônes. Si parfois son ardeur faiblissait : « Prenez garde, Monseigneur, disait le maître, vos pauvres en souffriront. — Oh non ! » s'écriait-il, et il était plus sage et plus appliqué que jamais.

Je pourrais, mes amis, vous raconter mille traits pleins de bonté et d'esprit de son jeune âge, mais je n'aurais pas cesse d'écrire. Le roi Charles X était émerveillé de lui : « *Heureuse France*, disait-il, *si jamais il est roi !*»

Il ne devait pas en être ainsi. En juillet 1830, au moment où les Bourbons faisaient flotter le drapeau blanc, qui était alors notre drapeau, sur les murs d'Alger, une révolution eut lieu à Paris. Charles X et son fils aîné, espérant y mettre fin, abdiquèrent en faveur d'Henri V et chargèrent son oncle mater nel, Louis-Philippe d'Orléans, de le faire reconnaître comme roi. Mais celui-ci aima mieux être roi lui-même, et Charles X, voulant éviter une guerre civile, s'en alla en exil. Son voyage jusqu'à Cherbourg dura deux semaines; il fut long et triste. A Valognes, petite ville du département de la Manche, les gardes du corps qui accompagnaient le roi lui remirent leurs drapeaux. « Messieurs, dit Charles X d'une voix émue, je reprends ces étendards, vous avez su les conserver sans tache, j'espère qu'un jour mon petit-fils vous les rendra de même. »

Le 16 août 1830, les Bourbons quittèrent la France. C'est alors qu'Odilon Barrot dit à Charles X, en lui montrant le duc de Bordeaux, ces paroles célèbres : « *Sire, conservez bien cet enfant précieux, sur lequel reposent les destinées de la France.* »

La première demeure où nous trouvons les exilés en Angleterre est le château de Lullworth, qu'ils échangèrent bientôt pour celui d'Holy-Rood, situé dans la capitale de l'Ecosse. L'éducation du comte de Chambord y fut poursuivie avec plus d'ardeur que jamais; le malheur ne fit que mûrir ses hautes qualités et redoubler son amour pour la France. Quand il apprit qu'une loi venait de lui en interdire l'accès : « Je n'y puis croire, s'écria-t-il, c'est impossible; mais ils ne savent donc pas que je les aime... Non, non, je ne le croirai jamais, c'est impossible !...»

A cette époque, sa mère, la duchesse de Berry, tenta de soulever la France en sa faveur; elle n'y put réussir. M. Thiers était alors ministre. Désespérant de la prendre, il se mit en communication avec un juif nommé Deutz, qui devait tout ce qu'il était à la duchesse. Le misérable la vendit pour une poignée d'or.

La nouvelle de ces événements surprit les exilés à Prague, capitale de la Bohême, qu'ils habitaient depuis peu. Trois ans après, ils la quittèrent pour Goritz, cité placée à l'entrée de l'Italie, près de la mer Adriatique. C'est là que mourut (6 novembre 1836) le vieux roi Charles X, en pardonnant à ses ennemis.

Le comte de Chambord avait alors seize ans. C'était un jeune homme plein d'avenir. « Parmi les enfants extraordinaires que j'ai vus, disait Chateaubriand, le plus illustre écrivain de notre époque, nul ne m'a plus étonné que le duc de Bordeaux. » Il connaissait plusieurs langues étrangères, mais il ne s'en servait qu'avec la plus grande répugnance. On lui en fit un jour la remarque : « Que voulez-vous ! dit-il, je pense toujours au français. » Habitué aux fatigues, au maniement des armes, à l'équitation, il pouvait se jouer avec le péril. C'était en outre un bon nageur. Sa dernière épreuve fut de se jeter tout habillé dans la Moldau, rivière qui passe près de Prague. Parvenu à l'autre bord, il s'écria : « Maintenant je pourrai sauver un homme ! » Nobles paroles, qui montraient bien toute la bonté de son âme.

Qui n'a rien vu n'a rien appris, dit un vieil adage ; à la science des livres, il faut toujours joindre celle de l'expérience ; aussi, pour compléter son éducation, on lui fit entreprendre une série de voyages. Ses excursions ne ressemblaient en rien aux voyages officiels qui font les souverains escortés d'une nuée de flatteurs ; Henri n'avait avec lui que quelques compagnons et couchait souvent sur la dure, mais il était heureux, parce qu'il pouvait voir le peuple de plus près, connaître ses souffrances et le moyen de les calmer.

En 1838, il visita Venise, Mantoue et Milan, grandes et belles cités qui lui offraient plus d'un sujet d'études. Au printemps de 1839, il parcourait diverses provinces de l'Autriche; cette même année et la suivante, il assistait à Vérone à de grandes manœuvres faites par l'armée autrichienne, dont il étudia l'organisation et la composition, et arrivait à Rome. Une foule de Français de toutes classes s'y rendirent : les ouvriers, malgré la dépense du voyage, ne furent pas les derniers; ils furent accueillis avec la plus grande bienveillance. L'un d'eux, simple artisan de Marseille, en fut si touché qu'il dit au comte : « Prenez mon fils, Monseigneur, je suis assez riche pour l'entretenir; nous serons tous si heureux d'avoir un des nôtres auprès de vous. »

Le temps qu'il ne consacrait point à ses visiteurs, il l'employait à étudier l'histoire de Rome et à en parcourir les monuments, les musées et les bibliothèques. Tout le monde s'empressait autour de lui. L'élite de la société romaine briguait l'honneur de lui prodiguer les fêtes les plus brillantes. Le pape Grégoire XVI l'admit en son audience et le traita en roi. Le petit-fils de Charles X exerçait sur ses adversaires politiques le même attrait que sur les étrangers. Plusieurs s'écriaient avec dépit : « *Il n'a pas fait une faute, et il n'a que dix-neuf ans.* » Et un ambassadeur de Louis-Philippe laissa échapper ces mots : « *Deux choses frappent en lui : un air de grandeur et de prédestination.* » Partout sur son passage, à Rome, à Naples, et plus tard à Florence, il put se convaincre de l'intérêt universel qui s'attachait à chacune de ses démarches.

De retour dans sa famille, il y apprit la nouvelle d'un traité ignominieux qui abaissait la France. Ne pouvant comprimer son indignation, il s'écria : «Un Bourbon aurait répondu avec le canon qui émancipa l'Amérique et conquit Alger. » C'est alors qu'il alla étudier sur les champs de bataille illustrés par nos victoires la gloire de la France, qu'il put mettre en regard de son humiliation. Une excursion en Bohême et en Suisse, et plus tard un séjour à Venise, où il entreprit des études maritimes, vinrent encore ajouter à ses connaissances. Mais nous voici arrivés à l'accident terrible qui a failli lui coûter la vie.

Le 28 juillet 1841, le comte de Chambord était sorti pour faire une promenade à cheval aux environs de Kirchberg, sa résidence d'été. En chemin, il rencontre tout à coup une charrette couverte d'une bâche blanche et mobile. Son cheval s'effraie; excellent cavalier, il veut le dompter, l'animal s'irrite, se cabre de toute sa hauteur et se renverse sur son cavalier avec une rapidité plus prompte que la pensée. Pour se dégager, ce dernier le frappe violemment du bras qui lui est resté libre ; le cheval par un violent effort parvient à se relever, mais le prince a le col du fémur brisé. Ses compagnons l'entourent avec effroi. « Eh ! Messieurs, leur dit-il, ce n'est qu'une jambe cassée, et Bougon (c'était le nom du médecin) me la remettra bien; mais pourtant quel dommage que ce ne soit pas sur un champ de bataille ! »

Le traitement fut long et rigoureux. En dépit de toutes les prédictions de ses ennemis, le comte put guérir de sa chute, mais il lui en resta toujours la trace. Le doigt de Dieu était visible en un pareil événement. Sur dix accidents de ce genre, neuf sont mortels.

L'année suivante (1842), le fils aîné de Louis-Philippe, Ferdinand d'Orléans, moins heureux que son cousin, se fracassait la tête contre les pavés de Neuilly. A cette nouvelle, le prince et ses parents oublièrent leurs justes ressentiments. Une messe fut célébrée à Goritz pour le repos de l'âme de la victime. Quelle générosité ! quelle noblesse !

Dès que sa santé le lui permet, il reprend le cours de ses studieuses pérégrinations. Accompagné du général Foissac-Latour, il va dans les derniers jours de 1842 en Saxe. L'année suivante, il visitait la Prusse et en étudiait l'organisation militaire. Mieux que personne le comte de Chambord, qui a si longtemps séjourné en Allemagene, en connaît les mœurs et la constitution ; il sait quels sont ses côtés défectueux et comment on pourrait la vaincre ; puisse-t-il bientôt nous donner la revanche ! De Prusse, il se rendit en Angleterre (octobre 1843), visitant les fabriques, les manufactures, les docks, les musées, les bibliothèques ; rien ne lui était étranger. Il arriva enfin à Londres, capitale de l'Angleterre, et se fixa à l'hôtel de Belgrave-Square.

Plus de quatre mille Français, le grand Chateaubriand à leur tête, vinrent lui apporter l'expression de leurs hommages Cette manifestation éclatante émut le gouvernement d'alors et les journaux qui lui étaient dévoués. Mais rien ne put empêcher le dévouement d'ouvriers ou de paysans de se faire jour.

Quatre artisans de Paris vinrent en députation ; l'accueil, que leur fit le prince, fut si cordial qu'ils en furent touchés jusqu'aux larmes. Beaucoup d'autres, ne pouvant, faute de moyens, aller à Londres, avaient voulu exprimer dans des adresses couvertes de milliers de signatures leurs sentiments respectueux. Tous ceux qui approchaient le petit-fils d'Henri IV en étaient reçus à bras ouverts, tellement qu'ils ne pouvaient s'empêcher d'en témoigner leur admiration : «Quand je l'ai quitté, il m'a témoigné toute la bonté qu'un fils d'une si noble race puisse avoir, » disait un brave marchand tailleur de Toulouse, et il ajoutait : « Vraiment, je suis enchanté de lui. » « Il nous a parlé comme un ami, mais, en l'écoutant, nous sentions bien qu'il était quelque chose de plus, » disaient nombre d'autres. « Je veux, disait-il lui-même, entendre tous les Français, je veux connaître la pensée de tous ; la vérité est à ce prix. » Il disait à un autre : « Si la Providence me fait asseoir sur le trône de mes pères, je ne voudrais être ni le roi d'une classe, ni le roi d'un parti, je voudrais être le roi de tous. »

Il quitta Londres au mois de janvier 1844, pour aller assister aux derniers moments de son oncle le duc d'Angoulême. Il abandonna bientôt Goritz, qui lui rappelait de trop cruels souvenirs, et vint avec sa sœur et sa tante se fixer en pleine Autriche, à quinze lieues de Vienne, au château de Frohsdorf. C'est une simple maison bourgeoise, entourée d'arbres et de collines. Quelque temps après, sa sœur Louise épousait le prince héréditaire de Lucques, depuis duc de Parme (1845); pour appeler sur son mariage les bénédictions du Ciel, elle envoya 12,000 francs aux pauvres de Paris.

L'année suivante, le 6 novembre, eut lieu le mariage du comte avec Marie-Thérèse d'Este. Marie-Thérèse était digne d'un tel choix; quels que soient son instruction et son esprit, sa bonté et sa modestie lui sont encore supérieures. Inutile que je vous décrive la joie des amis du prince; mais, je croirais faire une injustice si j'oubliais de dire que les pauvres y participèrent largement. Le comte de Chambord donna lui-même plus de 86,000 francs. Comme l'hiver s'annonçait fort rude et que beaucoup d'ouvriers se trouvaient sans travail, il organisa à Chambord des ateliers de travail pour les indigents, prodigua de nombreux secours d'argent dans les départements de Loir-et-Cher et de la Haute-Marne où il possédait plusieurs forêts. Pendant ce temps, ses amis, stimulés par son exemple, ouvraient de tous les côtés des souscriptions pour venir en aide aux malheureux.

La révolution de 1848 survint, qui jeta sur la terre d'exil la famille d'Orléans. Le contre-coup ébranla l'Europe. A Venise, où se trouvaient le comte et la comtesse, la lutte s'engagea sur la grande place Saint-Marc entre les révolutionnaires et les troupes autrichiennes. Le comte assista avec une fermeté toute militaire à plusieurs charges, au grand risque de sa vie : un homme du peuple fut même tué tout à côté de lui. Il apprenait à connaître la révolution et à la regarder en face.

Au mois d'août 1849, nous le trouvons à Ems, dans le duché de Nassau, non loin de cette Alsace qui vient de nous être arrachée par la force de l'étranger. De nombreux ouvriers, auxquels les républicains le représentaient comme absolutiste et ennemi du progrès, voulurent s'assurer par leurs yeux de la vérité de ces propos. Plusieurs d'entre eux, qui en avaient déjà reconnu la fausseté, ouvrirent une souscription dans le but de lui offrir une magnifique paire de pistolets. La députation chargée de les lui présenter avait à sa tête un nommé Jeanne, papetier de l'époque. Avant de partir, ce dernier s'introduisit dans le jardin des Tuileries, et, en moins de temps que je ne mets à le raconter, il déracina un beau fuchsia tout en fleurs avec la terre qui l'entourait et le fit emballer soigneusement dans une caisse qu'il emporta avec lui. Mais, voici qu'au chemin de fer les employés ne veulent pas laisser passer la plante. On insiste, on discute, on s'emporte ; bref, les ouvriers déclarent qu'on les mettra plutôt aux bagages avec elle, et gagnent leur cause. Pendant tout le voyage, ils tinrent la caisse sur leurs genoux, arrosant et entourant de précautions le précieux arbrisseau ; aussi la fleur des Tuileries était belle quand elle arriva à Ems. Le comte de Chambord fut charmé de tant de délicatesse ; quant à la comtesse, dont l'âme est si française, elle ne pouvait cacher son contentement : elle voulut avoir constamment sous les yeux le fuchsia.

Ce prince fut vivement ému lorsque, jetant les yeux sur les listes de souscription, il lut l'adresse qui les précédait : « Des ouvriers de tous les états, y était-il dit, prient M. le comte de Chambord de vouloir bien accepter ce témoignage de leur respect, de leur dévouement, de leur reconnaissance pour tant de bienfaits répandus sur des misères françaises, du sein de son exil...... Ces ouvriers, que n'ont pu séduire des théories menteuses et que n'ont pu tromper les calomnies, savent tout ce qu'il y a de haute intelligence, de véritable amour du peuple chez le digne petit-fils de saint Louis et d'Henri IV. Ils savent qu'avec lui seul le travail doit renaître, la France doit retrouver la paix solide, la splendeur, la prospérité ; ils désireraient du fond du cœur porter eux-mêmes leur offrande à M. le comte de Chambord ; mais ils n'ont pas les moyens d'aller à lui, puisse-t-il bientôt venir à eux ! » — « Qu'il me serait doux, s'écria le prince, de contribuer au bien-être de si braves gens et de leur prouver ma reconnaissance ! » Pendant tout le séjour des ouvriers à Ems, il leur témoigna le plus vif intérêt. Souvent il s'entretenait avec eux : « Me voici en France, disait-il en se plaçant au milieu d'eux. » — « Quand le bâtiment ne va pas, disait un maître-maçon du nom d'Oudin, rien ne va, car c'est signe qu'il n'y a pas de confiance, et tous les états souffrent à la fois. C'est pourquoi nous désirons tant, nous autres, que les affaires reprennent.» — « Je le souhaite bien vivement, répondit son royal interlocuteur, et je voudrais que cela dépendît de moi. » — « Si j'ai bonne mémoire, reprit M. Oudin, ça allait bien sous vos parents, et je suis sûr que ça irait au moins aussi bien à votre retour. Croyez donc que, si on vous demande, ce n'est pas seulement pour vous, mais pour nous ! » Le prince lui répondit par un affectueux serrement de main. A leur départ, il leur adressa une lettre pleine d'émotion, dont nous citerons le passage suivant : « En parcourant les listes nombreuses qui m'ont été apportées, j'ai été heureux et fier de compter tant d'amis dans les classes laborieuses. Etudiant sans cesse les moyens de leur être utile, je connais leurs besoins, leurs souffrances, et mon regret le plus grand est que mon éloignement de la patrie me prive du bonheur de leur venir en aide et d'améliorer leur sort. »

Pareilles scènes se renouvelèrent à Wiesbaden, au mois d'août 1850. Laissons parler ici les ouvriers eux-mêmes : « Une heure après notre arrivée à Wiesbaden, nous étions chez M. le comte de Chambord. Nous n'étions plus bruyants comme pendant notre voyage ; l'attente nous rendait silencieux ; chacun de nous sentait son cœur battre comme à la veille d'un grand événement. On nous fit monter dans un salon au premier ; nous nous rangeâmes autour de cette pièce. A peine avionsnous pris place que le prince entra. Ce fut un beau moment. Quelle figure ! quels yeux ! mais surtout quelle bonté ! Il vint rapidement se placer au milieu de la salle : « Soyez les bienvenus, mes amis, « nous dit-il ; approchez bien près de moi ; » nous nous approchâmes, mais le respect nous tenait à quelque distance encore. « Plus près, s'écria-t-il, « plus près encore, je veux me sentir serré par des « Français. » Nous l'entourâmes cette fois de si près, que nous ne lui laissions que la place de son corps. Ses mains vigoureuses serraient nos mains, ses yeux pleins de tendresse étaient attachés sur nous ; il nous remerciait d'être venus de si loin. Nous ne pouvions parler, les larmes nous suffoquaient. Un de ces ouvriers se cachait derrière ses compagnons. Le comte s'en aperçoit, va droit à lui et lui demande pourquoi il se tient à l'écart. « Monseigneur, dit l'artisan, veuillez m'excuser, j'ai perdu ma malle au chemin de fer ; je ne suis pas mis décemment pour me présenter devant vous ; mais, ne pouvant résister au bonheur de vous voir, je suis venu espérant me dérober à votre attention. » — « Ah ! mon ami, venez donc, dit le prince en lui tendant la main ; que me fait votre habit ? C'est le cœur que je regarde. »

Le *Siècle* lui-même ne put s'empêcher de constater le merveilleux attrait qu'exerçait le prince autour de lui et l'effet de son voyage à Wiesbaden. « Quand on a vu le prince, disait un ancien ministre de Louis-Philippe, quand on l'a entendu développer les nobles idées qui l'animent, on ne peut qu'être plein de confiance dans l'avenir. » L'avenir ! il ne devait pas être tel que le souhaitait M. de Salvandy : Napoléon III arriva au trône.

Dès lors le comte de Chambord se renferma dans une vie toute de calme et d'étude. En France tout ce qui le touchait de près était en butte aux tracasseries du pouvoir impérial. Publiait-il une lettre qui infligeât un blâme mérité à la politique napoléonienne, on décachetait toutes les lettres pour en saisir les copies. Mais s'il était persécuté dans sa propre patrie, à l'étranger il jouissait des sympathies universelles qu'y excitaient son nom et ses malheurs. A Venise, surtout, où il passait chaque année une bonne partie de l'hiver, le peuple avait conçu pour lui une véritable estime, et, quand il quitta définitivement cette ville, en 1866, pour ne pas rester sur une terre infectée par l'usurpation de Victor-Emmanuel, bien des regrets accompagnèrent son départ. Chaque année, il allait aussi à Brunsée, résidence de son auguste mère; à Parme, où régnait sa sœur; à Vienne, où il possédait un palais.

Désirant étudier et connaître à fond les mœurs orientales, il entreprit, en 1861, une longue excursion en Orient à travers la Turquie, la Palestine, la Syrie et la Haute-Egypte ; en 1868, il visita la Grèce. On le vit aussi à Londres, en 1862, examiner l'exposition universelle. Ne pouvant étudier la France chez elle, il avait à cœur de juger des progrès de son industrie dans ses relations avec l'étranger. Pour lui pas de petit événement, qui pût profiter à son pays, ne passait inaperçu : il envoyait des dons à la commission des courses, tout aussi bien que pour la reconstruction d'une église, l'érection d'une statue et de tout autre monument public ; sa bienfaisance aimait à se répandre sur les victimes des inondations et des incendies ; ses lettres nous le montrent s'initiant aux moindres détails de l'agriculture, de la marine, de la guerre, des finances, etc. ; il s'occupait de la culture du blé, de l'élève du bétail, de la distillerie et de la culture de la betterave et des produits de la vigne, en même temps qu'il abordait les questions les plus ardues de la politique. Le sort des classes

ouvrières attirait particulièrement son attention;
que de lettres je pourrais ici vous citer à l'appui de
mon assertion !

Un moment, il eut la joie de voir réunies les
deux branches de la maison de Bourbon. Au lendemain de l'empire, les princes d'Orléans, fidèles
aux conseils que Louis-Philippe mourant leur avait
donnés, avaient fait leur soumission au comte de
Chambord (1853). Mais, quatre ans plus tard, ils
rompirent de nouveau avec le chef de leur maison.

Dans les divers voyages que fit ce dernier à
Chambéry, à Ems, à Wiesbaden, à Lucerne, à Zu-
rich et à Francfort, il eut lieu de se réjouir, à la
vue des nombreux Français qui venaient le voir.
Grâce à Dieu, la foule des visiteurs était encore
grande, plus grande que ne voulaient bien le sup-
poser les rédacteurs des journaux napoléoniens ou
libéraux. L'affluence des voyageurs pour Lucerne
fut telle qu'à Paris la gare du chemin de Lyon
en fut encombrée; les employés chargés du soin
des bagages, à chaque nouveau colis, ne man-
quaient pas de demander d'un ton convaincu aux
personnes : « Lucerne, Monsieur? » et, sûrs de la
réponse, ils collaient d'avance la marque sur les
malles ou les caisses.

J'aurais ici une charmante anecdote à vous raconter. Un pauvre laboureur du Midi avait depuis
longtemps formé le désir de voir Henri V, c'était
le rêve de son existence. Déjà il avait amassé un
petit pécule et espérait pouvoir satisfaire le vœu
de son cœur, lorsqu'il tomba grièvement malade.
Sur son lit de mort, il appelle sa fille unique et lui
fait promettre d'aller à tout prix trouver le prince et
de lui raconter le dévouement de son père. La jeune
femme se mit à l'œuvre ; chaque jour elle faisait
quelque économie, insensiblement elle amassa une

sömmé asséz rönde. Elle se maria, et, un beau jour, elle et son époux quittèrent leur demeure pour aller voir Henri V, qui eut peine à contenir son émotion en songeant que son nom était si populaire dans la chaumière du paysan et de l'ouvrier.

Ceci me rappelle une autre anecdote qui, pour être rétrospective, n'en a pas moins son intérêt. C'était sous le règne de Louis-Philippe. Un ouvrier du midi de la France, nommé Cèbe, possédait deux superbes danois qui étaient devenus l'admiration publique. « Vous avez là, dit un connaisseur, des chiens qui seraient dignes d'appartenir à un roi ! » Ce fut comme un trait de lumière pour l'ouvrier. « Eh bien, se dit-il, c'est *au roi* qu'ils appartiendront. » Et il part. Il arrive à Paris et passe devant les Tuileries. « Mes danois entreront ailleurs, dit Cèbe, *le roi de France* n'est pas là. » Et il traverse la Belgique et la Prusse. Que de lieues et que de fatigues ! Mais ses deux compagnons se portent bien ; ils pourront achever leur route. Cèbe ne saurait se plaindre. En chemin, il perd ses papiers ; on l'arrête, nouveaux obstacles. Mais on ne l'a point séparé de ses danois : sa force n'est point abattue. Il plaide sa cause et la gagne. Les souliers étaient presque usés, il était pâle et à bout de forces lorsqu'il arriva à Frohsdoff. Présenté à Henri V : « Monseigneur, dit l'ouvrier d'une voix tremblante en lui montrant ses danois, on m'a dit qu'ils étaient dignes d'un roi. Or, à mes yeux, un roi, c'est le roi, et je suis venu où il est. — De bien loin ? demanda le prince. — Oh ! oui, répond Cèbe. J'ai traversé je ne sais combien de terres, de forêts, de villages, de rivières, de villes et de royaumes. Je n'en puis plus ; mais c'est égal, mes danois sont en bon état, C'est ce que j'avais de plus précieux au monde. Ils vous aimeront comme je les aime. Ils seront fidèles comme moi. Les acceptez-vous, Monseigneur ? — Oh ! bien certainement, » dit le prince. Les yeux de l'ouvrier se remplissent de larmes, sa voix s'éteint, ses genoux plient. « C'est de respect, disaient les uns. — C'est de fatigue, répétaient les autres. — Oh ! non, c'est de bonheur, » disait Cèbe. Henri V embrassait ses danois. L'ouvrier voulait repartir le lendemain, mais le comte de Chambord le retint, le combla de présents et de marques d'intérêt.

Les joies furent courtes dans la vie de l'exilé ; la mort vint y faire plus d'une diversion. Nous le voyons perdre successivement sa tante la duchesse d'Angoulême (1851), sa sœur Louise, chassée de ses États de Parme par la plus lâche des usurpations (1864), et enfin sa mère la duchesse de Berry (1870). Que de fidèles serviteurs lui furent aussi enlevés sans qu'il pût recevoir leur dernier soupir !

La sagacité humaine ne peut tout pressentir, mais elle peut au moins prévoir beaucoup. Il est curieux de voir avec quelle sagesse le comte de Chambord juge les actes de l'empire. Pendant la guerre de Crimée, en 1855, il s'affligeait de voir nos braves soldats servir d'instrument à une politique toute personnelle, à un « commencement d'entreprises aventureuses où les véritables intérêts de la France ne seraient guère consultés. » En 1866, lorsque Napoléon III avait laissé la Prusse écraser l'Autriche, à notre grand détriment, il constatait que « notre influence prépondérante avait été gravement atteinte » et que « la situation était pleine de périls et d'incertitudes, » et déplorait l'unité italienne, cet avant-coureur de l'unité allemande. « Aujourd'hui, s'écriait-il, nous touchons à une catastrophe, dont les conséquences sont incalculables. » Enfin, il indiquait le remède que l'on ne devait pas suivre.

Tout marchait fatalement à la ruine. Le fameux plébiscite du 8 mai 1870 ne fit qu'enorgueillir le pouvoir. La guerre fut déclarée à la Prusse. On sait le reste. L'empire tomba; à sa place, s'installa la démagogie républicaine, qui prétendit sauver la France en la perdant; elle y réussit pleinement. Le comte de Chambord suivit toute cette lutte avec un douloureux intérêt. « Il faut, écrivait-il, il faut oublier en ce moment tout dissentiment, mettre de côté toute arrière-pensée; nous devons au salut de notre pays toute notre énergie, notre fortune, notre sang. La vraie mère préférerait abandonner son enfant plutôt que de le voir périr. J'éprouve ce sentiment et je dis sans cesse : « Mon Dieu, sauvez la France, dussé-je mourir sans la revoir. » Au moment où notre capitale était bombardée, l'indignation lui arracha du cœur une protestation brûlante de patriotisme qui fut entendue du monde entier.

Paris tombe, tout est fini, il faut faire la paix et quelle paix ! cinq milliards à payer, l'Alsace et la Lorraine enlevées, c'est bien le cas de crier plus que jamais : *Vive la république !* Ajoutez à la guerre étrangère les horreurs d'une guerre civile, Paris en flammes, les fusillades mises à la mode comme la guillotine en 1793, et vous aurez une idée de la situation.

Du milieu de ces ruines, la voix du comte de Chambord se fit entendre. La France y répondit en abrogeant les lois d'exil de 1832 et 1848 contre l'une et l'autre branche de la maison de Bourbon. Le comte en profita pour faire une courte apparition en France.

Le 1er juillet 1871 au soir, il franchissait la rontière française. Entré dans la gare pour attendre le train, il s'assit sur un banc. Tout à côté de lui deux paysans s'entretenaient des élections qui se faisaient alors par toute la France : « Pour qui as-tu voté? dit l'un d'eux, tu as voté pour les blancs? Moi, j'ai voté pour la république! Tu veux donc faire revenir Henri V? et puis les prêtres, les calottins, les nobles! — Ma foi! répondit le second, tout proche du prince, mon père disait qu'on payait moins et qu'on était plus heureux sous les rois! — Ah! si j'osais, dit alors tout bas le comte de Chambord à son compagnon, comme je serrerais avec bonheur la main de ce gaillard-là. »

Le lendemain, à cinq heures du matin, on arriva à Paris. Henri V se fit conduire d'abord à l'Hôtel de Ville et contempla longtemps cette immense ruine. Passant sur le Pont-Neuf, il s'écria en apercevant la statue d'Henri IV : « Le voilà, je le reconnais. Ils me l'ont laissé, » et, se reculant dans le fond du fiacre, il se découvrit avec émotion devant le fondateur de sa maison.

Un moment après, il se trouvait devant les Tuileries et faisait arrêter sa voiture devant le pavillon Marsan. Il chercha longtemps des yeux une fenêtre à demi consumée, et la désignant du doigt, il dit : « C'est là que je suis né. Là, à côté de cette fenêtre, j'avais de grands soldats de plomb qu'on m'avait donnés pour apprendre les manœuvres. » Puis, ne pouvant contenir son émotion, il se prit à fondre en larmes. Le cocher, qui était un brave homme, croyant qu'on voulait descendre, était venu ouvrir la portière. Remarquant l'air attristé du prince : « Consolez-vous, mon bourgeois, dit-il; cela se rebâtit ces choses-là; j'en ai vu bien d'autres! Ah! les gredins! ils m'ont fait bien pis à moi, ils m'ont mangé mon cheval! »

On arrive à la place de l'Opéra-Comique et on

descend pour aller au restaurant. Un des compagnons du prince s'approche du cocher, le paie. « Nous arrivons de province, lui demande-t-il, nous ne savons pas combien on donne de pourboire à Paris. — Oh! mon Dieu, mon bourgeois, je serai très-satisfait de trois à quatre. — Tenez, voici un louis pour moi et un autre pour Monsieur. » Le cocher regarde avec stupéfaction son généreux interlocuteur, et, ne se tenant plus de joie, il s'approche du comte, lui prend les deux bras dans ses mains, en lui disant : « Merci, merci. Vous êtes un brave homme ! Vous ne savez pas le plaisir que vous me faites ! Cela vous portera bonheur. »

Le soir même, le comte se rendait à Chambord ; après y avoir passé trois jours au milieu de ses amis, il s'en éloigna de crainte de susciter des embarras à notre malheureux pays. Il retourna à Bruges, qu'il quitta pour Lucerne, où beaucoup de Français sont aussitôt accourus. C'est dans cette ville qu'est venue le trouver une députation de Lorrains. Ces braves gens se jetèrent à ses genoux, lui demandant s'il fallait abandonner leur patrie, lui exposant leur douleur en termes déchirants et attendant qu'il leur annonçât le jour de la délivrance. Saisi d'une forte émotion, il les quitta brusquement pour cacher ses larmes. « Je n'y puis tenir, disait-il, ils me fendent le cœur ! »

En février 1872, il était à Anvers. Sa présence y excita le délire de l'Internationale et des *rouges*, qui organisèrent des émeutes et vinrent pousser sous ses fenêtres ces cris bien significatifs : « *A bas Chambord ! Vive la Prusse !* » L'indignation des honnêtes gens fit justice de pareilles manœuvres.

Quelques lettres contre la politique désastreuse et anti-française de M. Thiers, quelques visites à la grande exposition de Vienne en Autriche, tels furent ensuite les actes bien saillants du comte jusqu'au mois d'août 1873.

Le 5 de ce mois, avait lieu un grand fait patriotique, l'évacuation du territoire. Le même jour, le petit-fils de Louis-Philippe, le comte de Paris, se rendait à Frohsdorf et déclarait venir, en son nom et au nom de toute sa famille, reconnaître le comte de Chambord, leur cousin, non-seulement comme le chef de leur maison, mais aussi comme le seul héritier du trône de France.

Cette nouvelle jeta le désarroi dans les camps républicain et bonapartiste. On avait cru, jusqu'à ce jour, que les princes d'Orléans aspiraient à la couronne; leur rupture avec le chef de leur famille justifiait pleinement ces craintes. La démarche du comte de Paris, suivie de la visite de plusieurs autres princes au comte de Chambord, ne permettait plus de douter, ils cessaient de se poser en prétendants.

On put alors s'attendre au rétablissement de la monarchie; malheureusement la majeure partie des amis des princes ne suivirent point leurs exemples; ils voulurent imposer, d'avance et de parti pris, leurs idées au comte de Chambord, et tout d'abord, se mirent à propager à l'envi le bruit que, revenant sur toutes ses déclarations antérieures, il répudiait le drapeau blanc et acceptait le drapeau tricolore.

Celui-ci, justement indigné, réclama par une lettre célèbre (27 octobre), contre une telle imposture. Dans sa pensée, la question du drapeau blanc devait formellement être réservée. Il prenait le pays tel qu'il le trouvait, mais demandait la même confiance, et qu'on le prît à son tour tel qu'il était; une fois sur le trône, il s'engageait à résoudre cette question, d'accord avec la représentation nationale. C'était laisser le pays juge de la question.

Les amis des princes ne voulurent point accepter cette solution loyale, la seule raisonnable et possible. Ils refusèrent de concourir au rétablissement de la monarchie. Alors le pouvoir exécutif fut confié pour sept ans au maréchal de Mac-Mahon. La majorité de la droite vota cette loi en réservant le droit de rétablir la monarchie pendant cet intervalle (20 novembre 1873).

Peu d'instants après ce vote, le comte de Chambord quittait la France où il était resté *incognito* quelques jours, et se retirait à Frohsdorf. Les événements se déroulèrent sans qu'il y prît une part active. Malheureuse à l'intérieur, la France n'était pas plus heureuse, du côté de l'étranger; le cabinet de Berlin faisait entendre des menaces. Emu des dangers que courait sa patrie, le comte lança son manifeste du 2 juillet 1874.

C'est le dernier acte public de lui que nous ayons à enregistrer. Depuis lors, il est rentré dans sa vie de réserve et d'attente. Ne croyez pas, toutefois, que rien de ce qui se passe chez nous lui échappe. Qu'il apprenne que de terribles inondations viennent de ravager Toulouse et nos départements du Midi, tout aussitôt, dans le premier élan du cœur, il enverra quinze mille francs. Il souscrira aussi à l'*Œuvre des bibliothèques militaires*, à celle des *Cercles d'ouvriers*. Partout où il y a une œuvre de bienfaisance à aider, une infortune à soulager, une découverte utile à propager, vous le verrez toujours empressé d'apporter son obole, son concours.

Voilà, chers amis, tout ce que je puis vous apprendre sur le comte de Chambord. Il me reste maintenant à vous faire connaître ses opinions et à dissiper les préjugés qu'on s'est efforcé d'élever entre lui et la France.

Non, mille fois non, jamais Henri V, s'il rentre en France, ne sera un despote, un roi absolu. Au contraire : « L'esprit de parti, dit le républicain Ch. Didier, le représente comme un absolutiste, et c'est comme tel qu'il apparaît à la foule du fond de son exil : la vérité est qu'il n'y a peut-être pas dans toute l'Europe un constitutionnel plus sincère que lui. Il eût fait un excellent monarque constitutionnel. La nature de son esprit, son caractère même étaient appropriés à cette forme de gouvernement et *son éducation a été dirigée dans ce sens.* »

Au dire de tous ses ennemis, c'est un prince d'une bonté et d'une simplicité remarquables, plein de loyauté et de franchise, honnête, exempt de préjugés et d'ambition, auquel on ne saurait refuser ni son respect, ni son estime, plein d'intelligence, de capacité et d'instruction, un prince à la hauteur de son temps, qui ne demande qu'une seule chose, c'est de faire le bonheur de la France.

« Le comte de Chambord, a dit l'un d'eux, est la plus belle tête de prince de l'Europe. » Cela est vrai. Ses traits se dessinent avec une pureté et une netteté rares ; son front est vaste, son profil pur ; une barbe épaisse encadre fort bien l'ovale de sa figure. Mais ce qu'il y a de plus remarquable en lui, c'est le regard. Quelle profondeur, quelle puissance il a ! Comme il vous interroge ! C'est au point qu'un républicain avouait « qu'il était impossible de lui mentir en face. »

D'après les journaux républicains, entre autres le *Siècle* et l'*Avenir national,* c'est avant tout « un honnête homme, un homme loyal et sincère, qui dit ouvertement ce qu'il pense. » Eh bien ! il a déclaré lui-même et répété tout récemment encore son programme politique. Il représente un principe, le principe héréditaire, qui était celui de nos pères, nul n'en méconnaît l'utilité et la grandeur. Il en gardera fidèlement le dépôt. Il a des droits indiscutables, mais libre à la nation qu'il vienne les exercer ou non. Permettez-moi une comparaison. Un homme possède une maison qu'il a le droit d'habiter, vous l'en chassez violemment, il ne pourra pas y rentrer, car vous l'en empêchez et vous avez pour vous la force ; s'ensuit-il que la maison ne lui appartienne plus comme par le passé ? Oh ! non, reconnaissez vos torts et il rentrera dans l'exercice de son droit, dont vous lui avez momentanément interdit la jouissance. Il en est de même du comte de Chambord ; bien plus, il ne regarde les droits qu'il tient de sa naissance que comme des devoirs envers la nation. « Ces devoirs, disait-il en juillet 1872, je les remplirai, croyez-en ma parole d'honnête homme et de roi. — Dieu aidant, nous fonderons ensemble, et quand vous le voudrez, sur les larges assises de la décentralisation administrative et des franchises locales, un gouvernement conforme aux besoins réels du pays. Nous donnerons pour garantie à ces libertés publiques, auxquelles tout peuple chrétien a droit, le suffrage universel honnêtement pratiqué et le contrôle des deux Chambres, et nous reprendrons, en lui restituant son caractère véritable, le mouvement national de la fin du dernier siècle... »

Il a dit aussi que jamais il ne rétablirait la dîme, la féodalité, les billets de confession, qu'il ne forcera personne d'aller à la messe, etc. D'ailleurs, ça lui serait impossible.

La dîme a disparu avec les biens du clergé en 1789. Croire qu'Henri V tente de la rétablir, c'est croire l'impossible ; un homme qui a du bon sens ne peut y songer.

Il en est de même pour la féodalité et les droits féodaux. A propos de ces droits, les révolutionnaires n'ont pas manqué d'en faire des montagnes. En voici un de leur fabrique : Autrefois, disent-ils, le seigneur, pour protéger son sommeil contre le coassement d'importunes grenouilles, forçait ses vassaux à battre la mare du château pour les forcer au silence. Vous en doutez ? cependant la chose est certaine, messieurs les républicains le tiennent de leur père et de leur grand-père qui l'ont entendu dire ou qui l'ont inventé eux-mêmes.

Quant aux biens nationaux, c'est encore un épouvantail. Franchement peut-on, après quatre-vingts ans, remettre les propriétés au même état qu'avant 1789 et retrouver les anciens titres qui en font foi et les héritiers des anciens propriétaires ?

Henri V ne sera pas non plus le roi du clergé et de la noblesse. « Partout et toujours, a-t-il écrit, je me suis montré accessible à tous les Français sans distinction de classes et de conditions. Comment pourrait-on me soupçonner de ne vouloir être que le roi d'une caste privilégiée, ou, pour employer les termes dont on se sert, le roi de l'ancien régime, de l'ancienne noblesse et de l'ancienne cour ? »

On nous dit : le comte de Chambord ne veut pas régner, s'il l'avait voulu, au mois de novembre 1873, il serait déjà venu. — Ce prince n'est point un intrigant, ni un aventurier, il ne veut point du trône au prix d'une équivoque ou d'un parjure ; il n'ignore point que les gouvernements qui ont usé en France de pareils moyens en ont été finalement la victime. Pendant ce mois de novembre dont on nous parle, il était à Versailles, prêt à se montrer si l'Assemblée l'eût appelé; ce n'est donc point lui qui a fait défaut, mais bien l'Assemblée, qui n'a pu qu'affirmer une fois de plus son impuissance à remplir la mission que nous lui avons confiée. Le comte de Chambord, lui, a foi dans la sienne; il sait qu'un jour ou l'autre, il sauvera la France de l'abîme où l'amène infailliblement le provisoire actuel : « La monarchie héréditaire dont la Providence m'a confié la garde, écrivait-il, est l'unique port de salut où, après tant d'orages, cette France, objet de tout mon amour, pourra retrouver enfin le repos et le bonheur. »

On a parlé souvent de son abdication: « Jamais, a-t-il écrit, je n'abdiquerai. » Bien des gens, le voyant sans postérité, lui préféreraient le comte de Paris, son héritier actuel, ou un autre prince d'Orléans. Mais ceux-ci ne pourraient ni ne voudraient jamais représenter le principe monarchique, du vivant d'Henri V. « En dehors du principe national de l'hérédité monarchique, sans lequel je ne suis rien, disait le 25 janvier 1872 le comte de Chambord, avec lequel je suis tout, où seront nos alliances? Qui donnera une forte organisation à notre armée? Qui rendra à notre diplomatie son autorité, à la France son crédit et son rang? Qui assurera aux classes laborieuses le bienfait de la paix, à l'ouvrier la dignité de sa vie, les fruits de son travail, la sécurité de sa vieillesse? »

Quelques mots maintenant sur le drapeau. Le drapeau tricolore a assisté à toutes les horreurs de nos révolutions, et il décore par centaines les musées de l'Allemagne. Il nous a enlevé en 1814 et en 1815 une partie de nos colonies, toute une ligne de frontière, et naguère l'Alsace et la Lorraine ; il nous a fait payer des milliards à l'étranger sans compter ceux qu'il nous a fallu donner à la Prusse. Le drapeau blanc, vous n'en trouverez aucun dans les musées de l'Europe, il a chassé les Anglais et fait la France, émancipé les Etats-Unis et délivré la Grèce. Résumons. Le drapeau tricolore nous a donné sous l'empire trois départements ; sous la république un ; sous l'orléanisme zéro. Le drapeau blanc, sous l'antique monarchie : quatre-vingt-cinq départements, presque toutes nos colonies et Alger. L'avantage reste donc au drapeau blanc. « Je n'arbore pas un nouveau drapeau, disait Henri V, je maintiens celui de la France et j'ai la fierté de croire qu'il rendrait à nos armées leur antique prestige.— Si le drapeau blanc a éprouvé des revers, il y a des humiliations qu'il n'a pas connues » (25 janvier 1872).

Telles sont, mes amis, les suites des réflexions qui me sont venues en idée. Ne nous laissons pas tromper par nos soi-disant grands amis messieurs les démocrates. Croyez-moi, le comte de Chambord, c'est le roi qu'il nous faut.

Nos prêtres et nos religieux pendant la guerre de 1870-71, patriotisme et dévouement par C.-J. Grand ; 3ᵉ édition. Brochure in-16 de 96 pages très-compactes. Prix : 30 c. ; *franco*, 35 c. ; 25 exemplaires, 5 fr. 70 c. ; *franco*, 6 fr. 35 c. ; 100 ex. ; 20 fr. ; *franco*, 22 fr. 40 c. *S'adresser à l'auteur, rue Cassette, 33, Paris.*

LA VIE D'HENRI V

SE VEND AVEC LES REMISES SUIVANTES :

1 Exemplaire .	10 c. ; *franco*			15 c.
25 Exemplaires.	1 fr. 90	—	2 fr.	25 c.
100 —	6 fr. 70	—	8 fr.	»
500 —	30 fr. »	1,000.	56 fr.	»
10,000 Exemplaires			475 fr.	»

Prière d'adresser *franco* toutes les demandes, même de *dépôt*, à M. C.-J. GRAND, *rue Cassette*, 33, à Paris, ainsi que pour les brochures suivantes du même prix :

HENRI V PEINT PAR SES ADVERSAIRES, *Républicains, Bonapartistes, etc.* Nouvelle édition.

ALMANACH DES HONNÊTES GENS, paraissant chaque année.

PORTRAIT DE

M. LE COMTE DE CHAMBORD

Dessiné d'après nature à Lucerne et gravé au burin,

Par F. GAILLARD

Ancien pensionnaire de l'Académie de France à Rome, chevalier de l'ordre de St-Grégoire-le-Grand et de Léopold

74, rue de Madame, 74, Paris.

Epreuve sur papier ordinaire	5 fr.
— avec la lettre sur jésus , ...	15 fr.
— avant la lettre sur jésus	50 fr.
— artiste, sur colombier	100 fr.

Il existe de magnifiques épreuves sur vélin et sur parchemin. S'adresser directement à l'auteur.

5363. — Paris. Impr. de Ch. Noblet, rue Cujas, 13.